SPOT

LOS SENTIMIENTOS

# EL MIEDO

por Alissa Thielges

amicus
LEARNING

llorar

sudar

Busca estas palabras e imágenes mientras lees.

ojos bien abiertos

esconderse

El miedo es un sentimiento. Tener miedo puede hacer que tu corazón lata más rápido.

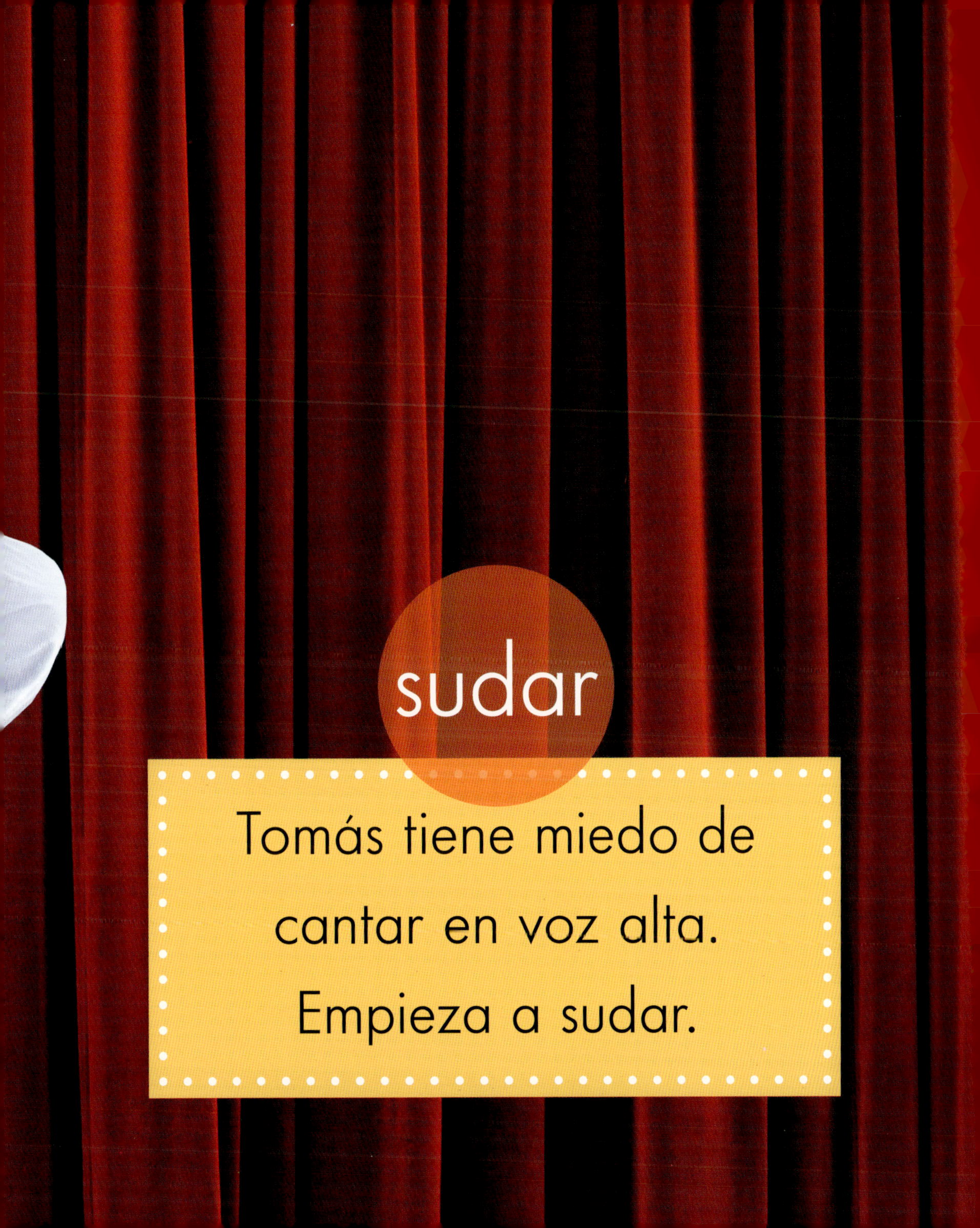

## sudar

Tomás tiene miedo de cantar en voz alta. Empieza a sudar.

Peter está asustado.
No le gustan los lugares altos.
Tiene los ojos bien abiertos.

ojos bien abiertos

# llorar

Ben tiene que darse una inyección.

Tiene miedo de que le duela.

Llora.

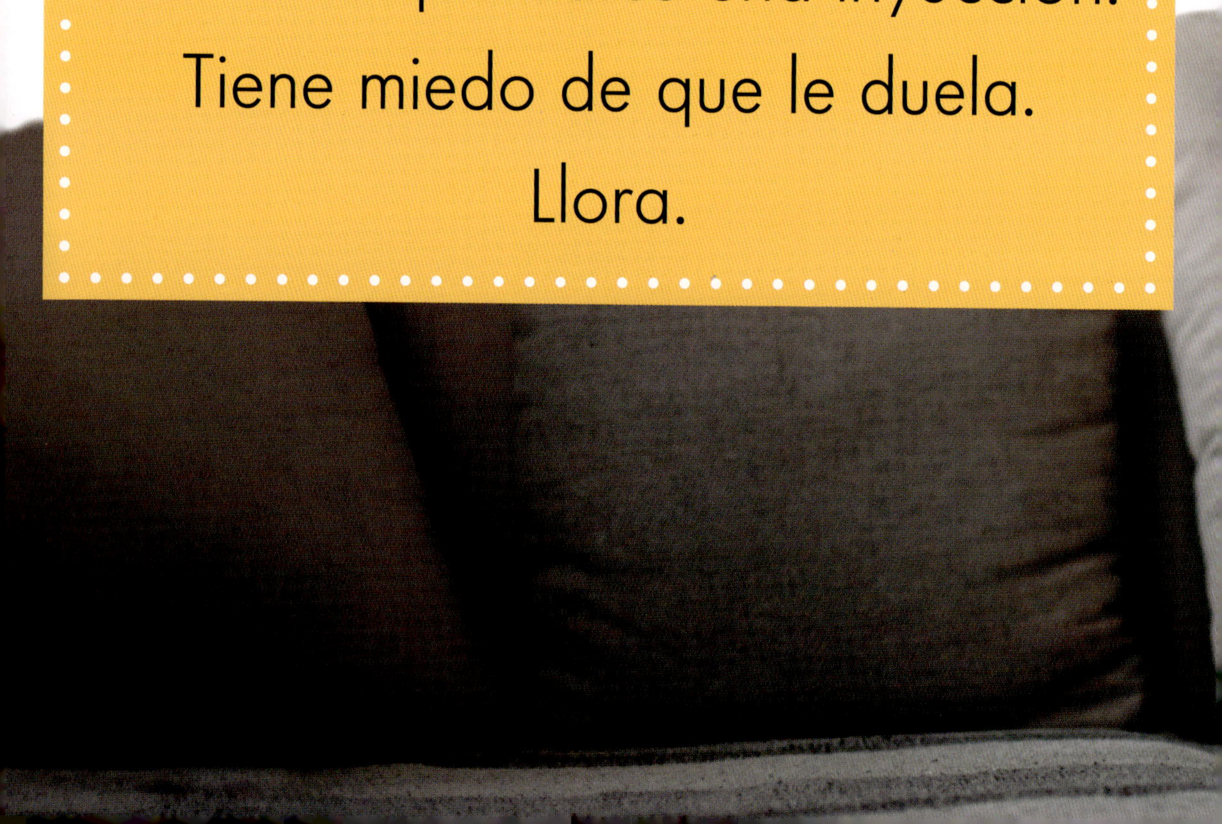

# esconderse

Ada tiene miedo.

Escucha una fuerte tormenta.

Se esconde.

Está bien estar asustado. A veces, enfrentar tus miedos te hace más fuerte. Un amigo puede ayudarte.

Todos tenemos un miedo.
¿Cuál es el tuyo?

llorar

sudar

¿Lo encontraste?

ojos bien abiertos

esconderse

Publicado por Amicus Learning, un sello de Amicus
P.O. Box 227, Mankato, MN 56002
www.amicuspublishing.us



Library of Congress Cataloging-in-Publication Data
Names: Thielges, Alissa, 1995- author.
Title: El miedo / by Alissa Thielges.
Other titles: Afraid. Spanish
Description: Mankato, MN : Amicus Learning, an imprint of Amicus, [2025] | Series: Los sentimientos | Audience: Ages 4-7 | Audience: Grades K-1 | Summary: "What makes kids feel afraid? Translated into North American Spanish, encourage social-emotional learning with this beginning reader that introduces vocabulary for discussing feelings of fear with an engaging search-and-find feature"— Provided by publisher.
Identifiers: LCCN 2024021940 (print) | LCCN 2024021941 (ebook) | ISBN 9798892002714 (library binding) | ISBN 9798892002776 (paperback) | ISBN 9798892002837 (ebook)
Subjects: LCSH: Fear in children—Juvenile literature. | Fear—Juvenile literature.
Classification: LCC BF723.F4 T4818 2025 (print) | LCC BF723.F4 (ebook) | DDC 155.4/1246—dc23/eng/20240628
LC record available at https://lccn.loc.gov/2024021940
LC ebook record available at https://lccn.loc.gov/2024021941

Impreso en China

Ana Brauer, editora
Deb Miner, diseñador de la serie
Kim Pfeffer, diseñador de libro y investigación fotográfica

Créditos de Imágenes: Dreamstime/Seventyfourimages, 12–13; Freepik/gelpi, 3; Getty Images/aldomurillo, cover, Imgorthand, 6–7; Shutterstock/Anatoliy Karlyuk, 1, Dragana Gordic, 8–9, kwanchai.c, 14, Zabavna, 10–11, Zakharova_Elena, 4–5; Unsplash/team voyas, 4–5